Angelina Purpurina

Angelina Purpurina

a turista

FANNY JOLY

ILUSTRADO POR
RONAN BADEL

TRADUÇÃO
ANDRÉIA MANFRIN ALVES

Milkshakespeare é um selo da Faro Editorial.

Diretor editorial: **PEDRO ALMEIDA**
Coordenação editorial: **CARLA SACRATO**
Assistente editorial: **LETICIA CANEVER**
Preparação: **TUCA FARIA**
Adaptação de capa e diagramação: **SAAVEDRA EDIÇÕES**

Dados Internacionais de Catalogação na Publicação (CIP)
Jéssica de Oliveira Molinari CRB-8/9852

Joly, Fanny
Angelina Purpurina : a turista / Fanny Joly ; tradução de Andréia Manfrin Alves ; ilustrações de Ronan Badel. — São Paulo: Milkshakespeare, 2024.
96 p. : il.

ISBN 978-65-5957-454-4
Título original: Cucu la praline à Paris

1. Literatura infantojuvenil francesa I. Título II. Alves, Andréia Manfrin III. Badel, Ronan

23-5793 CDD 028.5

Índice para catálogo sistemático:
1. Literatura infantojuvenil francesa

1ª edição brasileira: 2024
Direitos de edição em língua portuguesa, para o Brasil, adquiridos por **FARO EDITORIAL**

Avenida Andrômeda, 885 — Sala 310
Alphaville — Barueri — SP — Brasil
CEP: 06473-000
WWW.FAROEDITORIAL.COM.BR

SUMÁRIO

Observe todos com atenção, eles estão nestas histórias...

Vitor, o irmão mais velho.

Angelina Purpurina, conhecida como Pirralha.

José-Máximo, o irmão do meio, também chamado de Zé-Max, JM ou Mad Max.

Pedro Quindim, a paixonite.

Crânio-de-Joelho (Teodoro Dias).

Catarina, a melhor amiga.

1. SOS vovó

Solzão

Vocês já viveram uma verdadeira história de loucos em pleno domingo?

Eu sim, no dia seguinte às Horripi*lã*tes. Vocês sabem o que significa Horripi*lã*te? Não? Bom, vou explicar bem rapidinho: são duas blusas de lã FEIAS E RIDÍCULAS que tricotei de propósito. Por que de PROPÓSITO? Pra dar de presentes pros meus irmãos pavorosos, ora essa!

Se quiserem mais detalhes, leiam meu livro anterior.

Então.

Naquela manhã, eu ainda estava na cama, e de muito bom humor, por quatro motivos:

1. O sol fazia cosquinhas na ponta do meu nariz. Adoro quando isso acontece.
2. Só faltavam mais dois dias de aula antes das férias de verão, minhas preferidas.
3. O Mastigadinho, meu leão-de-pelúcia-adorado, tava incrivelmente cheiroso, como sempre acontece quando ele toma sol, e o sol batia bem forte nele, já que ele tava bem debaixo do meu nariz...
4. Não tinha nenhum barulho em casa, sinal de que eu ia poder me entupir de torradas na frente da televisão sem ser incomodada.

Mas que azar: dei de cara com a mamãe na cozinha. Ela abriu um sorrisão.

— Oi, Angelina, você vai me salvar, preciso de alecrim!

Pelos legumes espalhados na mesa, eu queria mais ME salvar, porque já me imaginei tendo que descascar tudo aquilo, que é uma das coisas que mais detesto fazer.

— O que é alecrim? É um produto que traz alegria pro rim? — perguntei, de olho na saída de emergência.

A mamãe começou a me explicar que é uma erva aromática indispensável pra torta-de-legumes-do-sol ficar boa, e que ela tava preparando uma porque a vovó viria almoçar e ela estava cansada de ouvir a vovó dizer que ela confunde cozinhar com abrir embalagens de comida congelada e que a vovó ia ver só e blá blá blá... Parei de ouvir.

— Se o alecrim é TÃO indispensável assim, por que você não tem? — eu quis saber quando ela parou de falar.

— O Alex (dono da mercearia que fica perto de casa) é que não tem! Vai se trocar e comprar pra mim no Supergelados...

— Mas a vovó não gosta de congelados!

— E como ela vai saber?

— Se ela não vai saber, por que usar?

O sorriso da mamãe derreteu feito um congelado debaixo do sol.

— A vovó sentirá o PERFUME do alecrim, mas não será possível saber que o compramos congelado, tá bom pra você, senhorita Respondona?

Na verdade, eu não tava nem aí se ia ou não ter alecrim, congelado ou não. Mas correr até o Supergelados em vez de assistir televisão não me deixava nada animada. Fiz aquela cara de fofinha que só uso quando os meus irmãos não estão por perto.

— Tá, mamãezinha, mas... posso ver um pouco de TV antes?

— Nada disso, a TV pode esperar, mas a torta não!

— E por que o Vi e o JM não podem ir ao Supergelados? — arrisquei.

— Porque estão dormindo, e enquanto eles dormem ficamos tranquilas (nesse ponto, 100% de acordo), e sempre que os mando fazer compras...

— ... eles compram tudo errado, OBRIGADA, já estou sabendo disso! E quem fica com toda a responsabilidade? Euzinha! NÃO É JUSTO! — reclamei.

Então ela prometeu que eu seria recompensada. Já é alguma coisa.

Coloquei o meu vestido florido, calcei as minhas sandálias e fui.

O choque aconteceu no caminho de volta, diante da vitrine da loja Tudobarato. Em uma placa azul, estava escrito:

SOLZÃO: O INDISPENSÁVEL DO VERÃO

Embaixo da placa, via-se exposto um trio simplesmente incrível:

- Maiô incrível com babados.
- Bolsa incrível com babados.
- Chapéu incrível com babados.
- Tudo feito com um tecido... mais incrível do que TUDO.

* Cor: fúcsia, o mais incrível de todos os tons de rosa, que é a minha cor preferida.
* E do que era a estampa? De limões! O meu sabor nº 1, tanto em sorvetes como em tortas, doces, chicletes e tudo o que é possível limãozar na vida...

Bem, aquele trio era PRA MIM. Tinha que ser meu. Ponto-final.

A dona da loja, uma mulher tão magra que parecia uma lagartixa (só que menos simpática), veio até a entrada do estabelecimento.

— Quanto custa? — Apontei pra placa Solzão.

— Em primeiro lugar temos que CUMPRIMENTAR as pessoas, senhorita Purpurina! — ela respondeu com uma cara esnobe.

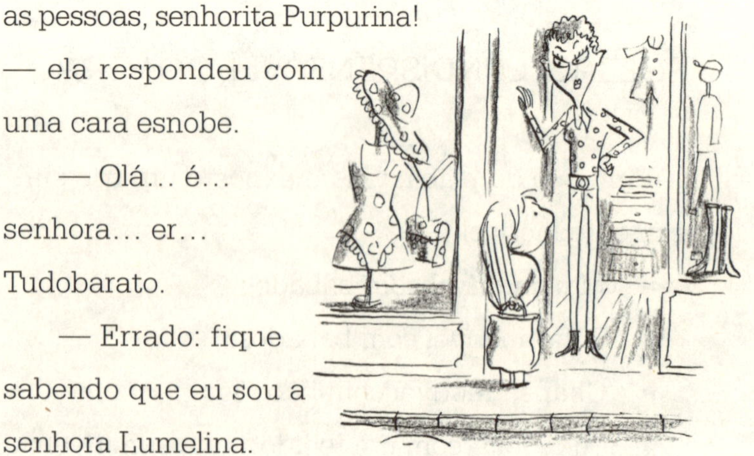

— Olá... é... senhora... er... Tudobarato.

— Errado: fique sabendo que eu sou a senhora Lumelina.

— Certo. E quanto, custa o maiô rosa com estampa de limão?

— Não é só o maiô, é o CONJUNTO, e os artigos que o compõem não podem ser vendidos separadamente.

Ela fez um gesto como se dissesse: "Vai embora, isto aqui é bonito demais pra você!". Epa, há limites. Não sou um cocô de rato que se pode varrer pra calçada!

— Eu QUERO experimentar o conjunto Solzão tamanho 8, fazendo o favor! — declarei.

A senhora Lumelina me trouxe o trio rapidinho. Dentro do provador, quase não me reconheci de tão magnífica que eu estava, modéstia à parte. Me imaginei chegando à praia, e o Pedro (o menino de quem mais gosto na escola) dizer:

— Angelina, com esse trio de três peças você brilha mais intensamente do que um trio de sois ardentes. (O Pedro adora usar palavras sensacionais que só ele conhece, e eu também conheço um pouco, de tanto o ouvir falar.)

— É o último que eu tenho em tamanho 8! — a senhora Lumelina avisou do lado de fora do provador.

Logo pensei na Catarina. Se ela e a tia mimadora dela (no sentido de que mima a sobrinha sempre que pode) passassem na frente da Tudobarato e se a Catarina se apaixonasse pelo MEU Solzão, a tia dela COMPRARIA pra ela! NÃO, NÃO E NÃO! Isso estragaria as minhas férias! É um pensamento horrível, eu sei. A Catarina é a minha melhor amiga, e eu deveria querer a felicidade dela. Mas ninguém é perfeito, pelo menos eu não sou.

— Quanto é? — perguntei pela terceira vez.

— 49,90!

Eu tinha 24,95 do troco do alecrim. Exatamente a metade! Inacreditável, mas era verdade: a subtração-divisão aconteceu sozinha na minha cabeça, e eu costumo ser péssima com contas! Foi como se uma força mágica tivesse se apossado de mim. Fiquei totalmente atrevida. Saí de trás da cortina e coloquei o dinheiro no balcão.

— Quero reservar este Solzão, faça o favor!

— E quando você virá buscá-lo? — a senhora Lumelina perguntou.

— Bem... é... digamos... amanhã.

— Mas... é... nós não abrimos na segunda.

— Sem problemas: venho na terça!

Um bolo

Quando cheguei em casa, a mamãe agarrou o alecrim como se fosse um presente de dia das mães com o de Natal junto. Ela nem perguntou do troco. Ainda bem. Subi pra abrir o meu porco-cofrinho (tem uma tampa na parte de baixo dele). Tinha 10,30 ali dentro: achei que teria mais. Mas já é alguma coisa. Não gosto desse cofrinho, mas como ele é cor-de--rosa, eu o tolero. O papai me deu de presente pra me incentivar a economizar, como ele diz. Não entendo o motivo. Peguei uma folha de papel e um lápis pra pensar com calma em como pagar pelo meu Solzão.

Com calma nada! Os números se embaralhavam debaixo do meu lápis como se fossem umas minhocas agitadas. Parei e respirei fundo (parece que isso faz crescer a inspiração). Bingo!

MOSTRAR AS BLUSAS HORRIPI*LÃ*TES PRA VOVÓ foi a minha inspiração. Como não pensei nisso antes? Como ela tricota blusas superfeias que ela acha SUPERBONITAS, ela ia ADORAR as minhas HORRIPI*LÃ*TES. Lógico! E me dar um trocado, como ela me deu quando fiz uma rena medonha com massa podre quando tinha sete anos! O Vitor dizia que a minha rena parecia uma salsicha, e o JM dizia coisa pior (que parecia cocô). Mas a vovó achou a minha rena SENSACIONAL, e me deu vinte pratas pra me parabenizar.

solzão preço 49,90   24,95 ok

troco do alecrim = 24,95   +24,95

se a mamãe me der

tem 10,30 no meu cofrinho

+10,30   eu guardo 10 pratas

então faltam 14,65

49,90 - 24,95 - 10,30

Se uma rena malfeita vale vinte pratas, quanto valem duas blusas Horripi*lã*tes? Duas vezes vinte = quarenta? Fui correndo fuçar no quarto dos meus irmãos. Lista do que encontrei:

- Cinco meias fedorentas…
- A minha caixa de chicletes de morango vazia e duas bolas de chiclete mascado coladas no carpete…
- O meu pente cor-de-rosa, que procurei por toda parte, transformado em estilingue…
- Uma foto do Pedro de bigode e escrito "Quindinzinho Caca de Nariz"… MAS nem sinal das blusas Horripi*lã*tes.

Eu ia interrogar os meus irmãos pavorosos (que estavam colados na frente da TV) quando uma manga de blusa na cor mostarda apareceu diante dos meus olhos: as blusas Horripi*lã*tes estavam jogadas debaixo do sofá da sala! Rastejei e comecei a puxar discretamente…

— Não encosta, isso aí é NOSSO! — o Vitor resmungou (ele tem olhos nas costas, juro).

— Ah, é? Quer dizer que eu tricotei estas blusas quentinhas pra vocês durante dias e dias pra agora fazerem ISSO com elas? Seus…

— Dado é dado, pegar de volta é ROUBADO! — o JM berrou e arrancou as blusas da minha mão.

Eles correram pro jardim. O JM vestiu a blusa dele como se fosse uma cueca, dizendo:

— Olha, dá pra usar de fralda!

— E a minha dá pra usar de chapéu pro dia do seu casamento com o Quindinzinho, irmãzinha! — o Vi completou e enfiou a blusa dele na cabeça.

— Tenho uma ideia melhor: vamos usar pra limpar as lixeiras!

— Não, as privadas!

— Parem! — gritei.

Já era demais. Acionei o meu TURBO-SOLUÇO (eu começo a soluçar bem alto pros meus pais virem me salvar). Não precisei chorar por muito tempo, nem dedurar. O papai estava podando as roseiras. Não o tínhamos visto, mas ele havia escutado tudo.

Lista das punições:

- Limpeza das lixeiras (bem feito!).
- Limpeza das privadas (merecido).
- Limpeza do furgão Floréis. (Esse é o nome da nossa floricultura; também usamos o furgão como carro. Ele tá quase sempre sujo porque

os nossos pais trabalham muito e não têm tempo de limpar. Excelente ideia.)

A ideia não tão boa assim foi que o papai TAMBÉM confiscou as blusas Horripi*lã*tes.

No segundo em que os meus irmãos saíram eu expliquei pra ele que tinha que pegar as blusas SEM FALTA pra mostrar pra mãezinha adorada dele, que gostava tanto de tricô e...

— Tá bom... — Ele suspirou. — Mas não quero ouvir mais nenhum piu de vocês três!

Quando deu meio-dia, fui pra janela espiar a vovó chegar.

Ao meio-dia e quinze ela ainda não tinha chegado.

Meio-dia e meia: também não.

À uma e um, ouvi um crunch crunch crunch: o papai estava beliscando umas batatas chips.

À uma e dois, os meus irmãos vieram avisar que tinham limpado tudo (duvido) e perguntaram se podiam comer umas batatas.

À uma e três, a mamãe falou pra guardar as batatas chips porque não faziam bem pra saúde dos filhos (e dos pais?).

À uma e quatro, o papai falou pra mamãe ligar pra vovó pra saber o que ela tava fazendo.

À uma e cinco, a mamãe respondeu pro papai que ele que devia ligar pra mãe DELE. E ela disse também que a vovó tinha prometido trazer a sobremesa. Tomara que seja torta de limão, pensei. A minha avó é péssima com tricô, mas é campeã de guloseimas, e ainda bem que ela não tinha prometido trazer a entrada, porque se ela não chegasse logo, a gente ia começar a comer sem…

TRIIIM, nesse exato momento, o telefone tocou.

Era a vovó. O viva-voz tava ligado. Ela avisou, na maior calma, que viria outro dia porque precisava aguardar o rapaz que ia consertar a geladeira, e ele estava atrasado.

Torta de limão? Levamos foi um bolo, isso sim!

Mas cadê o Ornicar?

A MAMÃE MANDOU A GENTE IR PRA MESA, DANDO UM sorriso forçado.

Acho que tava brava por ter cozinhado À TOA, ou pelo menos só pra nós, porque a vovó não ia provar a torta-patati-patatá dela: não sei se é por causa do alecrim, mas achei que a torta dela tinha um gosto bem esquisito.

Logo depois da sobremesa eu dobrei as blusas Horripi*lã*tes, coloquei na minha mochila e corri pra rua Vento-Forte (onde a vovó mora). De longe, achei ter visto um negócio esquisito no jardim. Parecia um leopardo, só que ele tava em pé, com uma espécie de crina ruiva que saía da cabeça. Quando cheguei perto, me belisquei. Estaria eu sonhando? Não! Na verdade... o leopardo era a-minha-própria-avó, usando uma calça com estampa de pantera e uma blusa combinando.

— Vovó, o que... que é... o que aconteceu com você?! — gritei enquanto abria o portão.

Ela mexeu nos cabelos igual às estrelas de cinema fazem quando estão sendo fotografadas:

— Me arrumei pra ficar bonita pro verão! Corte, tintura: mudei tudo! Você gostou, minha querida?

O início de uma gargalhada tomou conta de mim, como se a vovó tivesse se fantasiado de palhaça. Mas senti que não deveria rir.

— Isso... é... er... Que surpresa! — murmurei, mordendo o lado de dentro das minhas bochechas.

Mas a vovó começou a dar risada.

— Ha ha ha, um viva para as surpresas!

Pela primeira vez na minha vida, vi que a minha avó passara batom. Vermelho igual carne crua. Tinha borrado um pouco nos dentes dela.

Vovó-pantera-palhaça-vampira?, pensei. Não gosto de batom (e menos ainda do vermelho de carne sanguinária, digo, sangrenta), mas adoro a minha avó. No entanto, quando cheguei perto dela, o meu nariz quis recuar. Explico: normalmente a vovó tem um cheiro bom, de doce, de lavanda, de pó compacto, de sabonete... Mas naquele dia era diferente, parecia o cheiro das amostras de perfume que a tia mimadora da Catarina dá pra ela, como... cheiro de feitiçarias. Vovó-pantera-palhaça-vampira-FEITICEIRA? O mundo tava de ponta-cabeça.

— Você fez a torta de limão que ia levar lá em casa? — perguntei pra mudar de assunto (e também na esperança de comer um pedaço).

Ela olhou no relógio (não gosto quando os adultos olham a hora enquanto eu falo com eles).

— Ai, ai, ai, não! Não tive nem um minuto pra mim hoje de manhã! Por falar nisso, preciso te dizer uma coisa, minha pequena Angelina (também não gosto NADINHA quando a vovó me chama de "minha pequena Angelina"; sei que sou a menor da família, não preciso que fiquem repetindo isso pra mim). Você não pode aparecer aqui em casa assim, de repente. Tem que me avisar antes de vir!

— Hein?! — Tive um sobressalto. — Mas… mas o que deu em você, vovó? Normalmente…

— Nada de "normalmente"! — ela me cortou. — Tenho MUITA coisa pra fazer, e agora, já, imediatamente, eu tenho… tenho que sair… É isso mesmo!

— Achei que a senhora tava esperando a pessoa que ia arrumar a geladeira…

Ela ficou olhando pro céu por alguns segundos, como se procurasse uma resposta no meio das nuvens.

— Bom, sim, bem, não… No fim das contas ele não virá, tá bom?

Muito, muito, MUITO estranho! Será que ela tava ficando doida? Ou era uma pegadinha comigo? Eu olhava pra todos os lados pra ver se encontrava uma pista… quando de repente, percebi um VAZIO no lugar do…

— Eeeei! Cadê o Ornicar?

— Foi embora! — a vovó respondeu (como se fosse totalmente normal).

Para quem ainda não sabe, devo explicar que a minha avó TAMBÉM faz esculturas de… qualquer coisa: cabos de vassoura, vidros de conserva, coisas velhas, troços, cacarecos e tudo o que cai na mão dela…

O Ornicar é a maior escultura dela e a minha predileta; todo o mundo no bairro conhece porque dá pra ver da rua, ou melhor: DAVA pra ver…

— Roubaram o Ornicar? — insisti.

Ela colocou o dedo na frente da boca e disse:

— Shiiiiu… Vai, vai…

E apontou pro portão. A minha avó tava me colocando pra fora, juro! E as blusas Horripi*lã*tes? E o meu Solzão?

— Você TEM que sair? Mas... mas... pra ir AONDE, vovó? — protestei.

— Eu... er... ajudar... a Vanda, a minha amiga Vanda!

— Ajudar a Vanda? A fazer O QUE exatamente, posso saber?

A vovó colocou as mãos na cintura.

— Ora, veja só, você tá pensando que é uma inspetora de polícia, minha netinha?

Ela apertou mais forte o meu braço pra me empurrar pra rua.

Em seguida, fechou o portão e me deu um beijo em cada bochecha. Daí ela foi embora, andando depressa, no sentido oposto ao da rua dos Pinguins (onde a gente mora).

PBBT

Voltei pra casa como se tivesse levado uma martelada na cabeça. Des-gos-to-sa da vida!

— Que cara horrível, Pirralha Paspalha! — o Vi me falou, pendurado em um dos galhos da castanheira (ele conseguiu ver a minha cara lá de cima, pra vocês terem ideia)...

— Foi atacada por um vampiro? Tem manchas vermelhas escorrendo pelas suas bochechas, Pirralha Sanguinária! — o JM emendou do alto do outro galho.

Vovó-vampira... Batom-de-feitiçaria... Palavras muito loucas giravam dentro da minha cabeça.

— Vocês não sabem o que estão dizendo, calem a boca, seus... seus... QUALQUERCOISA! — rugi como uma pantera ferida.

TRIIIIM, naquele exato momento, o telefone RE--tocou na sala. Corri pra atender, tinha certeza de que era a vovó que ia me pedir desculpa, me dar a torta de limão, me dar dinheiro...

— Margarida? — uma senhora falou do outro lado da linha.

— Quem é? — perguntei.

— É a Vanda!

(Sempre esqueço que o nome da minha avó é Margarida e que as amigas dela a chamam assim...)

— VANDA? Sou eu, a Angelina. A vovó tá com você?

— Não, eu estou procurando por ela!

Quase desliguei na cara da Vanda, mas me contive e expliquei que a vovó não tava. ALÉM DE TUDO, a vovó tinha MENTIDO pra mim! A não ser... que tivesse acontecido uma coisa RUIM com ela...

As minhas pernas ficaram bambas. Eu precisava falar com alguém. Contei tudo pros meus irmãos. Não tinha escolha: os nossos pais haviam saído. Mas foi melhor assim, fiquei aliviada depois. Eles, no entanto, ficaram brancos feito vela.

Sugeri que começássemos a investigar.

— Juntos? — o JM fez uma careta.

— Diante de um perigo efetivo, trabalho subjetivo, digo, trabalho COLETIVO! — o Vi declarou com uma cara séria.

Pegamos as chaves da casa da vovó na gaveta da mesa do escritório do papai.

Tínhamos acabado de abrir o portão quando... QUEM apareceu no final da rua Vento-Forte? A nossa avó... de braços dados com o CDJ: Crânio-de-Joelho, o careca do clube de tricô que me chama de Alina em vez de Angelina!

A gente se escondeu atrás de uma moita. A vovó ria, requebrava, andava com delicadeza e fazia charme.

Os meus irmãos cochicharam, espantados:

— Caraca, a vovó tá com uma roupa camuflada!

— E aquele cabelo?

Quando passou, ela cantarolou:

— Você é elegante como um comodoro, Teodoro!

Ele respondeu, também cantarolando:

— E você de todas as flores é a mais querida, Margarida!

Eu cochichei:

— Parece até um filme de terror...

— Ei, Vi e Angelina, sabem de uma coisa? — o JM falou. — Esse velhote é tio-avô do Gregório Dias!

Quase perdi a fala.

— O Dias, o menino mais brigão do quinto ano?! Socorro! Se a vovó e o Crânio-de-Joelho se apaixonarem, a gente vai ser da mesma família?

— Meios-primos? Meios-IRMÃOS? — o Vi entrou em pânico. — Que TRA-GÉ-DIA! Isso tem que acabar, e já.

Nós três, rapidinho, colocamos em prática um PBBT (Plano Bem Bem Terrível). Entramos correndo na casa da vovó e pulamos em cima dela pra abraçá-la feito loucos.

— Oiê! Chegamos! Surpresa! Feliz aniversário, vovó! Não é seu aniversário hoje, mas é como se fosse porque, com você, a vida é uma FESTAAAA.

— Fazia muito tempo que a gente não te via!

— Você ficou linda com essa fantasia!

— Você tem algum brinquedo novo?

— Tem batata chips no armário?

— Você tem uma cama elástica?

O CDJ ficou colado na parede.

— Quem são essas CRIANÇAS ATROZES?

— COMO?! — a vovó rugiu com uma voz de pantera que não estava nem um pouco ferida. — São o Vitor, o José-Máximo e a Angelina Purpurina, meus tesouros, meus netos-mais-formidáveis-do-mundo, as íris dos meus olhos!

— Opa... Desculpe, Margarida... — O CDJ ficou vermelho.

Felizmente, a vovó NÃO o desculpou.

Assim que ele foi embora (bem rápido), a vovó pediu pros meus irmãos colocarem o Ornicar de volta no lugar dele. O CDJ achava a escultura feia (acho que ele nunca se olhou no espelho): ele o havia desmontado inteiro e escondido no porão, sem vergonha

nenhuma! A remontagem levou bastante tempo (pra minha sorte, porque deixou o Vi e o JM bastante ocupados). Como eu levara a minha mochila (dupla sorte), aproveitei pra pegar as blusas Horripi*lã*tes.

Sucesso completo: a vovó A-DO-ROU e me prometeu um presente de recompensa. Eu a levei rapidinho até a loja, e adivinhem! A vovó me deu o trio Solzão de presente! A Lumelina elogiou a roupa e o cabelo da vovó. Que puxa-saco essa aí também! Mas a gente nunca mais viu a vovó vestida de pantera, e no almoço do domingo seguinte os cabelos dela estavam (quase) como antes (com uns fios frisados e reflexos ruivos esquisitos ainda).

A mamãe não RE-fez a torta-patati-patatá. A vovó FEZ a torta de limão. Prefiro assim. O que também gostei foi que a mamãe continuou esquecida do troco do alecrim, e quando tentei devolver ela me deixou ficar com TUDO. Comprei um PACOTÃO de balas com o dinheiro. Estava precisando disso pra me recuperar das emoções. Como sou uma Grande Senhoreza (não sei se é assim que se fala), até DEI (um pouco) pros meus irmãos. O que é certo mesmo é que com o meu trio Solzão eu fiquei com uma vontade enorme de encontrar o Pedro na praia de Rigoleta...

2. Paris é nossa!

Poeta fuén-fuén

Era um recreio comum. Os pássaros cantavam porque estávamos na primavera — é sempre nessa época que eles voltam a cantar, depois do inverno, vocês já perceberam? Eu conversava com a Catarina, minha melhor amiga. Na verdade, era principalmente a Catarina quem falava: ela contava das suas DEZESSETE camisetas e como pendurou todas em um cabide em volta do quarto dela, e que ficou mais bonito do que uma loja de roupas. E eu respondia "Ah, é? Nossa! Puxa!", pra fazer de conta que tava interessada, mas na minha cabeça eu contava as MINHAS camisetas pessoais e estava me sentindo um pouco miserável porque só me lembrava de QUATRO E MEIA:

1) A rosa com bolinhas brancas que a mamãe acabou de comprar pra mim.
2) A rosa com flores. Desde que ganhei a de bolinhas, comecei a gostar menos da de florzinha.
3) Uma listrada que ganhei da vovó, 100% à base de marrom. Uma pena: é a cor de que menos gosto, mas não tenho coragem de contar pra vovó, porque é a favorita dela.
4) Uma azul que encolheu na lavagem, mas enfim, azul é menos pior que marrom.

4 e meia) Duas brancas com manchas que não saem de jeito nenhum. As duas valem meia de tão feias que estão.

A porta da sala do quarto ano se abriu de repente, e o meu irmão José-Máximo saiu de lá de dentro igual a um canguru elétrico (estudamos na mesma escola, ele no quarto ano, e eu, no terceiro). O JM pulava pra todo lado sacodindo os braços e gritando:

— Yeeeees! Uhuuuu! Uhuuuu! Ééééé...!

— Tenho a impressão de que o seu irmão tirou uma nota boa... — a Catarina murmurou com aquela carinha de bonitinha que ela faz.

Expliquei pra ela que com certeza não, que o JM tira notas baixas, e que se por acaso ele tirou uma nota boa, o único interesse dele será se exibir pros meus pais pra tentar ganhar um presente. A Catarina sempre acha que os meus irmãos são meninos incríveis. Já contei mil vezes pra ela as coisas medonhas que eles fazem, mas o que eu falo entra por um ouvido e sai pelo outro.

Conforme os alunos do quarto ano foram saindo da sala, um rumor passou a circular pelos corredores: a turma deles teria participado de um concurso e ganhado uma viagem... Primeira notícia! Que tipo de concurso? Uma viagem pra onde? Não tenho ideia. O Max nunca havia falado sobre isso. Querendo saber mais, fui procurar o Pedro Quindim, meu menino predileto da escola e da vida. Ele está na mesma sala que o JM, mas é totalmente o oposto: o meu irmão fala e faz um monte de bobagens, mas o Pedro só fala e faz coisas lindas, boas e SÉRIAS.

— Cara Angelina, suponho que você tenha vindo me parabenizar — o Pedro sugeriu quando cheguei perto dele.

— Er... sim! — respondi sem saber por que deveria dar parabéns pra ele, mas eu não corria o risco de me enganar: se alguém merece os parabéns na Joel Jocoso (minha escola), essa pessoa é ele. Aliás, a palavra "parabéns" tá escrita em quase todos os boletins do Pedro, ele me mostrou um dia...

— Muito obrigado. — Ele sorriu. — É muito amável, mas prefiro continuar sendo modesto, você me conhece...

MODESTO? Não sei exatamente o que isso significa: na moda? Na moda que detesto? Fiquei com medo de que ele me interrogasse. O Pedro é campeão de vocabulário. Eu não. Ele adora palavras difíceis e adora explicar as coisas, como se fosse professor. Eu tenho horror a me sentir pressionada. Principalmente pelo Pedro.

— Mas errr... é verdade que vocês do quarto ano ganharam um concurso e uma viagem? — perguntei pra ir direto à informação que me interessava.

Ele bateu com a mão no peito.

— É correto que participamos do concurso de poesias do quarto ano, organizado pela delegacia regional, mas não foi O QUARTO ANO que ganhou, fui eu, SOZINHO! Cada aluno devia compor um poema sobre Paris. O meu poema ficou em primeiro lugar entre os quinhentos e noventa e sete concorrentes, simples assim!

— Não me surpreende! O seus poemas são tão... poéticos, Pedro! — exclamei pensando nos versos que ele me escreveu, pouco antes de ter contraído catapora, pra me declarar que eu era bela como uma rosa.

Ele deu um suspiro e olhou pro céu.

— Não como um certo José-Máximo Purpurina! O senhor Patota (a gente o chama de Catota, é o professor do quarto ano) qualificou o "poema" do seu irmão de rascunho mal-acabado! Aliás, o rascunho dele nem foi apresentado no concurso, pra não corrermos o risco de a nossa turma ser desclassificada! Quer que eu recite? Você vai rir...

Eu ia responder que não, obrigada, mas o Pedro começou sem me dar tempo de falar:

Eu quero ser um grande poeta
Eta eta
Assim poderei visitar Paris
Is-is

Não fiz nenhum comentário. Eu critico os meus irmãos quando é preciso, mas não gosto quando outras pessoas fazem a mesma coisa.

Nem mesmo o Pedro.

— Então vocês vão pra Paris? — retomei.

— De fato. Na quinta-feira, dia 28, TODA a minha turma irá visitar a capital, inclusive o seu irmão! Eu preferia ter escolhido sozinho os meus convidados, não vou mentir...

O meu coração acelerou.

Estava morrendo de vontade de perguntar pro Pedro se ele me escolheria, mas não tive coragem. Como se lesse os meus pensamentos, ele falou no meu ouvido:

— Você estaria no topo da lista, Angelina!

A felicidade me deixou sem fôlego.

O sinal do fim do recreio tocou. O Pedro pegou umas folhas.

— Mas você não perdeu tudo: tenho um exemplar fotocopiado do manuscrito original da minha obra. Eu te empresto. Você pode me devolver amanhã. Não deixe de aproveitar o final da tarde para recopiá-lo. Você também pode decorá-lo, é claro…

A linda caligrafia perfeita dele preenchia linhas e linhas.

Havia quatro folhas. Primeiro achei que eram quatro vezes a mesma folha. Mas não, ele me deu todas: o poema dele tinha quatro páginas! Pensei que teria dificuldade pra copiar tudo em uma noite. Mas não fiz nenhum comentário. Sem chance de deixar o Pedro me ver como uma tartaruga-do-lápis.

O pessoal da minha sala já estava na fila, e a senhorita Paola, nossa professora, batia palmas. Corri pra me juntar aos meus colegas antes que ela me desse uma bronca…

Terceiro ano não-não

NA SAÍDA DA ESCOLA, FUI EMBORA CORRENDO PRA ESCAPAR do JM. O professor Patota sempre solta mais tarde a turma do quarto ano. O meu irmão fica bravo, mas eu acho muito bom! O papai e a mamãe queriam que eu fizesse todos os trajetos junto com o Max pra que ele cuidasse de mim. Ha ha, que piada!

EU é que deveria cuidar dele se ele fosse CUIDÁVEL, mas não é. O JM é um ano mais velho do que eu, mas oito anos mais novo em idade mental (tenho oito anos, só pra vocês saberem). Quando caminhamos juntos, o JM fica o tempo todo me irritando + enchendo + incomodando. Então eu sempre tento escapar. O que vocês fariam no meu lugar?

Quando cheguei em casa, peguei uma banana-lanche na cozinha (é o que vai mais rápido) e subi correndo pra começar a copiar o poema do Pedro.

Pra ser sincera, comecei pegando o meu saco de balas. Eu o deixo guardado num canto ultra-mega-secreto do meu quarto que prefiro não revelar neste diário de tanto que desconfio dos meus irmãos pavorosos, que são os maiores DEVORADRÕES de balas do universo (inventei essa palavra especialmente pra eles, misturando devorador + ladrão).

SITUAÇÃO DO MEU ESTOQUE DE BALAS:

- Minhocas trissabor = 9
- Limões atômicos (meus preferidos) = 7
- Crânios azedos = 2
- Cabeça-de-morto-que-deixa-a-língua-azul = 13
- Gremlins explosivos = 4

Pode parecer muito quando olhamos a lista escrita, mas eu precisava tomar coragem pra copiar as quatro páginas (detesto fazer cópias, parece os castigos da escola). Comi quase todo o meu estoque, peguei o meu bloco de papéis de cartas mais bonito (rosa com corações roxos que a Catarina me deu) e comecei!

Primeiro escrevi o título no topo da página, no meio da linha, em letra maiúscula, e me dediquei ao máximo; depois contornei com canetinha prateada (super-rara, só eu tenho entre as minhas amigas):

Ó PARIS, QUANDO TU SORRIS

Resultado: ficou lindo.

As primeiras linhas também ficaram lindas:

Ó Paris, quando tu sorris
Meu coração se sente pleno e feliz
Ó Paris, capital da França
Sua beleza é fruto da bonança

Eu tava pegando o dicionário pra procurar a palavra "bonança", pro caso de o Pedro querer me testar, quando uma voz de gralha perfurou o meu tímpano:

O concurso regiona-a-al
Só ganha quem é genia-a-al
Quem é que vai pra Paris?
Eu eu eu e você nã-ã-ão!

O JM vinha subindo as escadas cantando... digo... BERRANDO esses versos ridículos. Salve-se quem puder! Empurrei a minha cama pra bloquear a porta. Bem a tempo: três segundos depois, ele ficou tentando entrar (sem conseguir, ufa!).

— Abre, Angelina!

— Me deixa em paz, tenho lição pra fazer!

Por que falei? Devia ter ficado muda igual a uma morta. Com esses pavorosos dos meus irmãos, é só pedir paz pra colher inferno. Adivinhem quantas vezes o JM repetiu "O concurso regiona-a-al só ganha quem é genia-a-al" e a continuação. Cento e dezessete vezes! Em trinta e nove minutos. Não desejo isso nem pro meu pior inimigo. Eu tava fervendo de raiva como uma frigideira de batatas fritas. E, lógico, cometi um monte de erros na minha cópia do poema. Gastei todo o meu bloco com isso. Acabei terminando num bloquinho superfeio com estampa de ratinhos que alguém — nem lembro mais quem — me deu em algum aniversário passado. Felizmente, com o poema por cima, nem dava pra ver direito os ratos.

À noite, mais precisamente às sete e trinta e três, o Max fechou a matraca porque às sete e trinta e dois o Vitor chegara, e assim que o JM começou a cantar, o Vi ameaçou enforcá-lo.

Mas às sete e trinta e quatro o JM recomeçou. Um pouco mais baixo, tipo um papagaio rouco.

Às sete trinta e quatro, eles começaram a brigar como um fogo atiçado por um vento megaviolento soprando na direção de uma floresta megasseca...

Às sete e trinta e cinco o papai gritou: "Menos barulho e venham jantar!" Quando os meus irmãos se sentaram, a mamãe disse enquanto trazia a salada de cenoura ralada:

— Acho bom ficarem calminhos. O pai de vocês e eu já tivemos muitos problemas por hoje: o furgão quebrou, as entregas foram canceladas e as begônias foram destroçadas pelo granizo do domingo...

Isso é ser avisado, né? Pois não foi o suficiente. Depois da segunda garfada o Max me olhou fixamente e começou a fazer mímica com a boca, com os dentes cheios de cenoura:

O... on... ur... o... e...io... a...a...al

ó... a...a... em... é... e... ia...a...al

em... é... e... ai... a... a...is?

Eu... u... u... e... oê... ã...ã...ão!

Acho que vocês adivinharam o texto completo, né?

O concurso regiona-a-al etc.

— Chega! — explodi. — Para de se achar como se tivesse sido VOCÊ o ganhador do concurso de poesia, TÁ LEGAL?!

— Certeza de que não foi VOCÊ nem os seus coleguinhas do terceiro aninho! — ele tripudiou.

— Ah, é? E por que você não lembra de dizer o que o professor Patota te falou? Que o seu suposto POEMA era um RASCUNHO MAL-ACABADO!

O JM parou de rir.

— Mentira, ele não falou mal-acabado! E... como é que você sabe disso? Foi o

Quindinzinho-catota-de-nariz, aquele poeta fuén-fuén que não passa de um dedo-duro igual a VOCÊ, PIRRALHA?

Não precisei falar mais nada. Os meus irmãos são proibidos de me chamar de Pirr... O Max foi expulso pro quarto com um pedaço de pão com queijo e uma maçã. É inacreditável o que se precisa fazer pra deter um tipinho como esse.

Já era quase meia-noite quando terminei a minha cópia. No final, eu já nem tentava mais entender o que escrevia (no começo já não tava entendendo mesmo). O Pedro colocou tantas palavras difíceis no poema dele quanto as gotas de chocolate em um cookie. Virei tantas vezes as páginas do dicionário que acabei sonhando com um exército de dicionários sendo comidos por vermes... não por versos: por LOMBRIGAS mesmo (eca, por mais que eu não goste de dicionários, aquilo parecia um pesadelo).

Sessenta e quatro lugares

NA TERÇA-FEIRA DE MANHÃ, O JM ME ESPEROU NA varanda pra fingir ser um bom menino pra mamãe, mas assim que viramos a esquina ele fugiu igual a um coelho correndo de um fuzil. O JM não queria falar comigo. Melhor assim: eu também não queria falar com ele.

Apertei o poema contra o peito, imaginando a cara do Pedro quando ele visse. Não o encontrei no pátio porque a professora fez a gente subir antes de todo o mundo. Ela parecia mais apressada do que cavalo de carteiro, como diz a vovó. Assim que todos se sentaram, ela anunciou:

— Tenho um recado pra vocês da parte do diretor Carvalho: "O conselho regional colocou à nossa disposição um ônibus com sessenta e quatro lugares. Portanto, aqueles de vocês cujos pais assinarem a autorização que será escrita na lousa e que vocês vão copiar no caderno de lição de casa (ai, ai, cópia de novo, suspirei em pensamento) poderão ir a Paris depois de amanhã, quinta-feira, junto com o quarto ano."

EU, ir a Paris? Com o Pedro? Não estava acreditando naquela notícia de tão maravilhosa que ela era!

— A QUEM vocês devem agradecer? — a professora Paola acrescentou.

— Ao senhor diretor! — alguns disseram.

— Ao conselho regional! — outros disseram.

A professora colocou as mãos na cintura.

— E A MIM? Ninguém me diz OBRIGADO por acompanhar vocês?

— Mas por que "obrigado"? A senhora não quer visitar Paris? — o meu amigo Yuri perguntou.

— Yuri, sem gracinhas. E fique sabendo que não fiquei esperando por vocês pra ir conhecer a capital!

— Obrigada, mil vezes obrigada, professora Paola! Vamos aplaudir a nossa querida professora Paola, que vai se dedicar a nos acompanhar! — a Ximena queridinha gritou.

Eu aplaudi junto com os colegas, mas acho que a professora deveria se esforçar pra ser um pouco mais amável algumas vezes.

— Quanchas veches a xenhora foi pra Parixx? — a Rosita resmungou, chupando o dedo.

— Trata-se da minha vida particular, Rosita! Tire o dedo da boca; e vocês todos, tirem o caderno de lição da mochila!

— O que é vida particular? — a Rosita continuou (ela sempre faz perguntas, mesmo quando não tá chupando o dedo).

A professora não respondeu porque tava ficando irritada, já que todos começaram a reclamar do ditado: "Ah, nããão..."

No recreio, eu procurava pelo Pedro quando de repente ele me cutucou e falou no meu ouvido:

— Me encontra discretamente atrás das lixeiras!

Achei aquilo meio esquisito, mas obedeci, lógico. Encontrei o Pedro escondido atrás das lixeiras.

Umas gotas de suor brilhavam em cima do nariz dele (e embaixo também).

— Você está sabendo que o terceiro ano também poderá ir pra Paris? — ele me perguntou.

— Sim, zenial, digo, genial (a emoção me fez zalar em vez de falar), nós vamos…

— Você vai achar menos "zenial" quando souber em que termos o seu irmão me abordou esta manhã: "Cuida dos buraquinhos do seu nariz, Quindinzinho-dedo-duro-amorzinho da-paspalha-da-minha-irmãzinha-pirralha!"

— Que horror! — gritei e tapei a boca com as duas mãos.

O Pedro segurou as minhas duas mãos.

— Shiiiiu, Angelina, não faz tanto barulho! Criei uma estratégia para seu irmão nos deixar em paz: vamos visitar a capital juntos... mas separados. Sem nos falarmos. Será o nosso segredo. E o seu irmão ficará bem irritado.

Eu disse "tá". O Pedro soltou as minhas mãos e fez um "bate aqui". Bati.

— E começaremos agora! — ele acrescentou. — Vou sair pela direita. Você conta até trinta e sai pela esquerda. Fui!

Ele saiu como um general do exército.

Com tudo isso, esqueci de mostrar a ele a minha cópia-de-alta-qualidade...

À noite, pedi pro papai assinar o meu bilhete do caderno bem debaixo do nariz do JM, só pra mostrar pra ele que eu tava zero impressionada:

"Autorizo a minha filha, dia 28, a participar da visita a Paris oferecida pelo conselho regional.

Participação possível graças à dedicação da professora Paola, que aceitou acompanhar os alunos do terceiro ano nessa excursão."

— Blé blé blé... — O Max fez uma careta.

— José-Máximo! — eu rugi. — Por que você tá fazendo blé blé blé nas costas do papai? Está desapontado porque também vou a Paris?

Ora, há limites! Já que me chamam de dedo-duro, isso precisa servir pra alguma coisa.

O que eu esperava aconteceu: os nossos pais ameaçaram o JM de não deixá-lo ir a Paris na primeira afronta (gracinha) que ele fizesse, e ele sumiu.

Na manhã do dia da viagem, a mamãe nos acompanhou até entrarmos no ônibus.

O Pedro tava sentado na segunda fileira, e foi a primeira pessoa que eu vi.

Como prometido, a Catarina (pra quem eu tinha contado tudo) havia reservado um lugar pra mim ao lado dela na última fileira. O JM se sentou mais ou menos no meio. Foi a Catarina quem me contou.

Eu não queria me virar pra não correr o risco de cruzar o olhar com o do menino favorito da minha vida...

Rodamos durante um bom tempo com tranquilidade quando, lá pelas dez e vinte um, rodelas de salame voaram e aterrissaram sobre algumas cabeças (por exemplo, a da professora Paola).

- ☆ Yess ☺ tinha vindo do JM + o babaca do amigo dele, o José-Wilson Belisco.
- ☆ Yess-yess☺☺ Pat & Pao (= Patota: escrevo só Pat pra economizar espaço e Pao pra Paola, assim ninguém fica com ciúme) ad-ver-ti-ram + separaram + obrigaram os dois a se sentarem com eles na primeira fileira, assim: Pat/JM/Pao/JW.

Adoro os professores nessas situações.

Às dez e quarenta e nove o Pedro ofereceu pastilhas de menta pra todos, MENOS pra mim. Fiquei com um aperto no coração. Mesmo detestando menta, achei que ia vomitar ou chorar de tristeza (ou os dois)...

Eu teria degustado uma cabeça-de-morto-que-deixa-a-língua-azul, mas só tinha mais uma, e eu preferia guardar pra alguma situação pior (com o JM por perto, é melhor prevenir).

Tentei dormir: impossível, muitas preocupações...

Às onze e treze: o Pedro foi ao banheiro do ônibus (que fica bem no fundo, logo atrás da gente). Quando chegou à minha fileira, ele tropeçou no próprio pé e caiu. Tive um choque... de felicidade: foi pra colocar um pedaço de papel dobrado debaixo do meu sapato.

Esperei até onze e vinte e um pra pegar o papel, fingindo estar amarrando o tênis. Não queria despertar a curiosidade da Catarina. Eu adoro a Catarina, mas quando ela abre a matraca, corram pras colinas!

Às onze e vinte e dois, fui ao banheiro ler o bilhete do Pedro em paz. Não me decepcionei. Julguem vocês:

Eu me sentia nas nuvens. É uma imagem pra dizer que estou megafeliz. Assim que fechava os olhos, eu via nós dois, o Pedro e eu, flutuando, de mãos dadas, por cima da Torre Eiffel. Isso não durou tanto quanto eu gostaria porque já tava na hora do lanche, e logo depois nós chegamos.

Tuk-tuk

O céu de Paris estava cinza. Depois de atravessar uma praça gigante com uma coluna esquisita, quadrada e pontuda no meio, o motorista parou atrás de uma fila com outros ônibus. O Pat ligou o microfone e começou a fazer um monte de discursos, como se fosse o chefe da galera:

- Discurso sobre essa praça, que se chama Praça da Concórdia…

* Discurso sobre a tal coluna, que se chama Obelisco (e não Obelix. A Catarina me corrigiu todas as vezes que errei. Ela me irrita quando se acha a chefinha também). O Obelisco é da época dos faraós, e os egípcios o deram pra França pra se reconciliar depois das guerras do Napoleão e patati e patatá.

Quase morri sufocada de bocejar, de tanto que era tagativo (palavra que inventei pra dizer tagarela + cansativo).

Quando FINALMENTE descemos, o Pat anunciou que íamos andar em pares, em ordem alfabética de sobrenome, o terceiro ano na frente e o quarto ano atrás. Obrigada, alfabeto! Fui parar do lado da Justina Pentefino, que fica sempre vermelha e que não fala nunca. Com a Catarina foi pior: como o sobrenome dela é Lamparina, ela teve que dar a mão pro Léo Limoso, que tem bafo e que fala sem parar e sobre nada (um tagarela também)! Pat e Pao pegaram cada um uma bandeira vermelha com cabo telescópico onde tava escrito ESCOLA JOEL JOCOSO.

Começamos a andar. Tinha uma multidão, turistas em volta da gente, na nossa frente, atrás... A mão da

Justina era leve. A gente não se olhava muito. O céu ficava cada vez mais cinza, mais até do que os telhados de Paris. À direita, eu admirava os jardins com estátuas maravilhosas e prédios que pareciam palácios.

À esquerda tinha carros engarrafados, o rio Sena corria tranquilo, e lá longe estava a Torre Eiffel, igual a uma rainha majestosa...

De repente ouvi a (mini) VOZ da Justina (pela primeira vez):

— Ai, caiu um pingo em mim!

No tempo que levei pra levantar a cabeça, as gotas já caíam às dezenas.

No tempo que levei pra vestir a minha capa de chuva, já estavam caindo baldes de água do céu!

— Depressa, vamos nos abrigar debaixo da próxima ponte! — o Pat gritou logo atrás. — SEM CORRER NEM DESFAZER AS FILAS! — ele acrescentou aos berros.

Tarde demais. A gente já tinha começado a correr, mas pra todos os lados. E não só a gente: os turistas também. Que tumulto debaixo daquela ponte! Tinha gente rindo! Gente reclamando! Gente falando em todas as línguas (talvez não todas, mas em muitas). Não sei como consegui encontrar o Pedro: acho que o meu coração me guiou... Golpe de sorte, ele tava no meio de um grupo de chineses bem colados uns nos outros. Ninguém da escola via a gente. Falei no ouvido dele:

— Obrigada pelo seu bilhete, Pedro!

E paf!, chacoalhei o poema copiado por mim bem debaixo do nariz dele. A tinta havia escorrido um pouco. Ele disse "que emoção" três vezes, depois os olhos dele também escorreram: uma lágrima inteira do olho esquerdo + meia lágrima do direito. Em troca, ele me deu a última pastilha de menta que sobrara.

Mesmo detestando menta, me obriguei a chupar a pastilha. Pra ficar empatada, dei pra ele a minha cabeça-de-morto-que-deixa-a-língua-azul.

— O que é icho? É uma delíchia! — O Pedro sorriu depois de ter colocado tudo na boca.

Ele é tão perfeito que achei engraçado vê-lo com os dentes azuis, a língua azul e até um pouco de baba azul escorrendo pelos cantos da boca.

Um menininho chinês começou a rir apontando o dedo pra ele.

— Há-Ding-Ping-Lu-Rrrroohh-Rrroohh-Rrroohh!

— Por que ele está rindo? — o Pedro me perguntou.

— Não sei (não falo chinês, né?)... Será que é porque a sua língua tá azul?

Eu devia ter ficado calada. O Pedro deu um salto.

— A minha língua está AZUL?!

— Não, só um pouquinho... — menti pra deixá-lo tranquilo.

Mas não consegui. Muito pelo contrário. O Pedro passou a puxar-repuxar a língua em todos os sentidos, e envesgava os olhos pra tentar ver, como em um desenho animado, e tava mais desesperado do que nunca.

Tentei explicar pra ele que a minha língua já tinha ficado azul umas mil vezes com essas balas, mas ele repetia sem parar: "E se for veneno?!" Eu falava pra ele não se preocupar daquele jeito quando, de repente, o grupo de chineses foi embora e a gente percebeu que o nosso grupo... NÃO ESTAVA MAIS LÁ!

— Socorro! — o Pedro gritou. — A gente está perdido, ferrado, moído!

Por que moído? Não faço ideia. Ele tava ficando tonto ou o quê?, pensei.

— Fica calmo! — ordenei.

Peguei o braço dele. Subimos. A chuva tinha parado. O Pedro se deixava levar como se eu fosse a sua chefe. Eu jamais teria imaginado isso. Estava cheio de gente na beira do rio. Mas os outros não estavam lá...

— A gente vai morrer! Estou tendo um ataque do coração! — o Pedro gemeu.

— Nada a ver! — Sorri.

Na verdade, eu não tava muito tranquila.

Uma espécie de bicicleta-carruagem onde se lia PARIS TUK-TUK TOUR passou nesse exato momento. Corri atrás dela gritando:

— Torre Eiffel?

— *Yes, climb!* — o motorista respondeu.

— Significa: subam! — o Pedro traduziu.

Apesar do ataque do coração, ele ainda sabia falar inglês; se isso não é ser MUITO MARAVILHOSO, eu não sei o que é! Treze segundos depois, vi as bandeiras vermelhas que seguiam adiante.

— Vamos pular? — sugeri em voz baixa.

— Não, eu pago! — ele respondeu.

Apesar do ataque do coração (segunda vez), ele pegou vinte pratas; se isso não é ser MUITO ELEGANTE, eu não sei o que é! O motorista apanhou a nota. O Pedro o viu partir como se não esperasse por isso (falo da nota).

A gente se enfiou no meio dos turistas, depois se separou pra voltar discretamente pro pelotão da Joel Jocoso. Sinceramente, foi bem facinho: as fileiras estavam todas bagunçadas e ninguém viu a gente. Logo depois, debaixo de uma ponte chamada Alma, a gente fez pose pra tirar uma foto com a Torre Eiffel ao fundo.

— Xiiiiiis! — A Pao fez uma careta.

— José-Máximo Purpurina, para de fazer bico! — o Pat vociferou.

— Paris é nossa! — O meu coração sorriu.

3. Identiquinhas!

Takafum

Naquele sábado, a Catarina (minha melhor amiga) me convidou pra ir à casa dela, e a gente tava pensando em como brincar quando, de repente, ela pegou uma caixa onde estava escrito FAMÍLIA PÔNEI MAGIA DUPLA CRINA + RABO. Me agarrei na cortina pra não desmaiar de admiração. A tia Gaga (tia dela) havia trazido do Canadá. Não existe por aqui. Percebam a raridade. Ela ocupava todo o espaço da cama (falo da caixa). Pra resumir:

É uma família de pôneis alados com poderes mágicos.

* Tem o pai, moreno + a mãe, castanha + o filho, ruivo + a filha, loira.
* Cada um tem uma crina + uma cauda de cavalo de pelos lisos e compridos que podemos pregar e despregar do jeito que quisermos.
* Cada Pônei Magia tem mais de quatro perucas (uma encaracolada, uma degradê, uma ondulada, uma frisada) pra crina e quatro pra cauda.

Se vocês sabem a tabuada do quatro (pessoalmente, é a que sei melhor), vão calcular facilmente que isso dá trinta e duas perucas + os acessórios pra pentear, escovar, prender, grampear, colar, alisar e tal e tal... Ah, se eu tivesse uma tia como a tia Gaga, a minha vida ia ser bela, juro. Em vez disso, tenho a tia Gigi, Gislene, a irmã da mamãe, quase uma vampira, um dia falo dela, se estiver com MUITA disposição. Mas voltemos à história...

A Catarina e eu nos divertimos tanto com a família Pônei Magia dela que quando chegou a hora de eu voltar pra casa (sete badaladas) a gente não tinha nem conseguido usar todos os acessórios, nem tomado o lanche!

— E os poderes mágicos, como funcionam? — perguntei antes de sair.

A Catarina ficou levemente vermelha (BEM levemente, mas eu a conheço bem e vi MUITO bem).

— Ficam... é... num grimório secreto...

— Um o quê?

— Um grimório, um livro especial de magia.

— Onde ele está?

— Guardado...

— Ele não fica guardado na caixa?

— Normalmente sim, mas... eu guardei em outro lugar!

— Posso ver?

A minha amiga se contorceu.

— Errr... sabe... a magia é uma coisa complicada, Angelina. Você vê numa outra vez... Vai acabar chegando atrasada à sua casa...

— Você não quer me mostrar, é isso?

A Catarina respirou fundo, mergulhou debaixo da cama e pegou um livro de capa mole coberto de um couro verde com um velcro imitando um fecho antigo de estilo medieval. Ela folheou o livro a um milímetro da minha cara, depois fechou de pressa. Tive tempo de ver umas palavras bizarras: TAKAFUM... ABRACADABRA... GRATIGRATO... SALABIM...

Segurei os braços dela.

— Me empresta? Vou fazer cópia dele na loja dos meus pais!

Ela colou o grimório contra o peito.

— Nem pensar! Se você fizer cópia da minha magia, pode ser que aconteçam interferências quando EU fizer...

Me agarrei nas pernas dela.

— Então me empresta um Pônei Magia! Por favor!

— E o que mais? Eu SÓ tenho quatro!

Detesto quando ela fica mão de vaca.

— Empresta, vai, eu tenho ZERO, tenha piedade de mim! — Comecei a chorar (eu choro com facilidade, é uma vantagem).

Eu queria a filha Pônei Magia. Ela me deu o filho.

— É isso ou nada, o nome dele é JÚNIOR. Mas já vou avisando, o primeiro nome dele é: DE VOLTA NA SEGUNDA-FEIRA EM PERFEITO ESTADO!

Eu acabara de entrar em casa e o meu estômago roncava de fome quando os nossos pais anunciaram que tinha presunto e purê na geladeira e que a gente ia ter que jantar sozinhos como adultos, porque ELES iam ao restaurante, depois ao cinema, depois dançar...

O Vi, o JM e eu protestamos quase juntos (o que é raro):

— Tudo isso? Mas... e a gente? Eu adoro cinema!

— E eu adoooooro restaurante!

— E eu adoooooro dançar!

O papai respondeu que eles haviam decidido ter uma noite DE NAMORADOS (embora fossem casados) pelo menos UMA vez, e que depois de jantar a gente podia ver TV ou jogar videogame, mas...

— Só até as nove horas! — a mamãe foi logo avisando.

— Dez horas! — o Vi tentou.

— Onze! Onze horas, vai, mamãe!!! — o Max arriscou.

O resultado foi que o papai trancou o controle da TV e o videogame no armário e depois guardou a chave no bolso, dizendo:

— E SOBRETUDO, SOBRETUDO, amanhã de manhã: vocês estão proibidos de acordar antes do MEIO-DIA! Entenderam BEM? Que horas eu disse?

O Vitor respirou fundo. Ele se acha um adulto e detesta que falem com ele como se fosse um bebê.

— A gente vai poder usar o controle da TV e o videogame amanhã de manhã pelo menos? — ele quis saber.

O papai olhou pra mamãe que soltou um "sim" bem pequenininho. Eles prometeram colocar a chave do armário de volta no lugar quando retornassem, COM A CONDIÇÃO de que tudo estivesse em ordem e nós três estivéssemos dormindo. E puf!, eles foram embora.

Eu não dava a mínima pra TV. Tinha OUTRA COISA pra fazer. Muito mais legal e divertida. Mas não PUDE fazer nada. Era arriscado demais. Por quê? Porque a única coisa que os meus irmãos pavorosos encontram pra se distrair quando não têm o que fazer é:

- ✯ me irritar,
- ✯ me importunar,
- ✯ me chatear
- ✯ e foi o que eles fizeram até as onze horas, ou mesmo depois...

Por causa da situação (noite com megarrisco de irritações graves, já que os meus irmãos pavorosos estavam sem TV e sem videogame), deixei o Júnior em segurança, escondido dentro de uma meia entre o meu colchão e meu travesseiro. E fiz bem. Não vou dar mais detalhes porque os meus irmãos não merecem todo o espaço que isso ocuparia.

No domingo de manhã, ouvi o Vi e o JM se levantarem, e ainda nem tinha amanhecido, e descerem pra sala de TV como ratinhos (ou ratazanas) magnetizados. O JM deu um gritinho de alegria:

— Ueba, ela tá aqui! (Ela era a chave, lógico.)

Parecia que ele tinha acabado de encontrar um ovo de Páscoa gigante. Que bom pra eles. E principalmente pra mim. Os dois teriam ocupação a manhã toda. Já iam tarde.

Peguei o meu TESOURO MÁGICO. Eu ia finalmente poder aproveitar o meu Pônei Magia DE VERDADE e EM PAZ (pelo menos era o que eu imaginava). O meu coração palpitava de alegria quando o desembrulhei. Tinha uma coroa em volta da cabeça dele. Um diamante brilhava bem no centro. De repente, tive a impressão de ter visto o diamante PISCAR. E se fosse o sinal de uma magia possível, aqui, agora? Essa ideia me iluminou. Um plano se desenhou no meu cérebro: TESTAR os poderes do Júnior.

Coloquei o meu casaco por cima do pijama e saí de fininho. Os meus irmãos estavam assistindo a uma luta de boxe e faziam comentários do tipo: "Vai! Mete uma porrada nele, duas, quatro, doze! Acaba com ele..."

Vocês percebem o nível...

Fui me sentar na rua, na sombra da árvore. Eu não tinha um grimório, mas tinha um cérebro iluminado, he he! Elaborei a minha própria fórmula mágica. Isso me tomou um tempão. Estava frio pra chuchu. Mas nada podia me parar. Eu me achava totalmente motivada.

TAKAFUM Júnior-meu-Tesouro

Sou eu, Angelina, estou começando a minha ABRACADAMAGIA

Me dê GRATA um presente GRATO obrigada GRATI

Flim Flim e Flim que o Pedro QUINDIM

O menino de quem eu gosto SIM SIM

Dobre a esquina e apareça pra MIM SALABIM

(Normalmente o Pedro passa pela minha rua às quartas-feiras a caminho da aula de violino, nunca aos domingos.)

Como vocês podem perceber: consegui encaixar todas as palavras que conseguira ler no grimório. E ainda enriqueci tudo com as rimas.

Olhei nos olhos do meu Pônei Magia e falei no ouvido dele:

— Júnior, se você é MÁGICO, este é o momento de me provar. VAI VAI VAI, meu belo feiticeiro!

O problema é que o que apareceu, e não só na esquina da rua dos Pinguins (onde a gente mora), mas por toda parte, na frente, atrás, por cima, por baixo: foi NEVE. Ela caía em flocos finos. No começo, tive a esperança de que ela viesse anunciar uma continuação maravilhosa. Mas não. Nada mais apareceu, a não ser flocos cada vez mais numerosos e grossos. Me forcei a continuar esperando. Em vão. Quando ouvi a porta de casa bater e os meus irmãos saírem gritando "Uaaaaau, tá nevando!", as minhas esperanças derreteram...

Catapultagem

O VI SAIU DA VARANDA COMO UM DIABO SAI DE UMA garrafa enfeitiçada.

— Ei, o que você tá fazendo?

— Nada! — eu disse enquanto enfiava o Júnior no bolso do meu casaco.

Tentei entrar em casa rapidinho, mas os meus irmãos pavorosos se colocaram na minha frente e bloquearam o portão.

— Mostra as mãos! — o JM ordenou como se fosse da polícia.

— Tó! — Fiz uma careta e agitei as minhas mãos vazias.

Mas o que não calculei foi que deixei um pedaço da crina ruiva escapar do bolso. O Vi a puxou com força.

Quando descobriu o meu Júnior, ele se encurvou de tanto rir.

— Hahahaha... essa coisa idiota de meninas! Um pônei de plástico horroroso, todo estragado e peludo.

— Só as meniniiiiinhas pra brincarem com um troço desse... que vergonha! — o Max emendou no modo papagaio-repetidor.

O Vi começou a cavar o chão.

— Ei! Vamos fazer um PÔNEI DE NEVE?

O JM se juntou a ele. Eles cobriram o Júnior de neve misturada com lama...

— Parem! Vocês vão estragar o pônei! — protestei.

— Fica tranquila, ele não vai ficar mais feio do que já é!

— PAAAAAAAREEEEEEEM! Ou vou contar pro papai e pra mamãe!

— Não é pra acordá-los, lembra?

Bati os pés, mas a minha pantufa molhada fez apenas um fraquinho "plush!".

— Vocês não têm o DIREITO de fazer isso!

— E isto, a gente tem o direito de fazer? — O Vi pegou o Júnior pela cauda pra girá-lo no ar.

Ta ta rata ta ta ta
Companheiro de catapulta
Lute por sua liberdade

O JM entoou a música-tema da série idiota preferida deles, galopando em volta do Vi feito um doido...

De repente o Vitor soltou o Júnior.

O meu Pônei Magia decolou pelo céu nevado.

Parecia um foguete laranja no espaço.

Ouvimos um fiiiiiiiiiuuuu... E depois mais nada.

— Cadê ele?! — eu me desesperei.

— Nhé nhé quidi ili, meu poneizinhu quiridu? — O Vi fez uma careta.

— Quem é que quer ser a grande dedo-duro-resmungona mas não pode fazer nada até meio-dia? — acrescentou o JM-papagaio.

Epa, há limites! Atravessei o portão, o jardim, a sacada, a entrada, as escadas na velocidade de uma flecha envenenada.

— Mamããããe! Papaaaai! — eu gritava. — Desculpa acordar vocês, mas os meninos são MUUUUITO MALVADOS! Eles catapultaram o meu Pônei Magia amado que nem é meu é da Catarina e deve estar destruído pra sempre e estou cansada de buááááá...

Enquanto eu me afogava em soluços que nem eram forçados, aconteceu a coisa mais Z'INJUSTA do mundo: antes que eu terminasse a minha frase, o papai apareceu no topo da escada todo descabelado, de pijama e bravo:

— Silêncio, Angelina, por tudo o que é mais sagrado! — ele ordenou. — Será que um dia você vai ENFIM ser capaz de se defender um pouco em vez de... de dedurar... e... e... choramingar sem parar?!

Isso foi como um soco no meu estômago. O meu pai estava do lado DELES. Do lado dos meus irmãos pavorosos, eu quero dizer.

"Dedurar, choramingar": ele repetia.

Quanto à minha mãe, que deveria:

- ☹ se levantar,
- ☹ me socorrer,
- ☹ me consolar,
- ☹ ralhar com os filhos dela,
- ☹ puni-los,
- ☹ obrigá-los a se desculpar, a encontrar o Júnior, a me devolver o pônei em perfeito estado e não vou nem continuar porque fiquei mal: ela continuou NA CAMA como se nada de mais estivesse acontecendo.

Eu estava AR-RA-SA-DA! Me sentia mais sozinha no mundo do que um diamante em uma lixeira. Não queria nunca mais falar com alguém da minha família. Nunca mais...

Gemeatitude

O PAPAI E A MAMÃE SE LEVANTARAM ÀS ONZE HORAS, trinta e sete minutos e vinte e um segundos (o meu relógio novo tem ponteiro de segundos, ele é top, felizmente acontecem coisas boas comigo ao mesmo tempo).

Um minuto e nove segundos depois, como se fosse por acaso (e com certeza NÃO por magia), ouvi uns passos leves no corredor e um pequeno PUF! atrás da minha porta. Quando fui abrir, vi a sombra do JM disparar pela escada. Os meus irmãos pavorosos tinham colocado o Júnior sobre o capacho do meu quarto.

Com certeza por MEDO de levar bronca do papai e da mamãe, aqueles covardes! O Pônei Magia estava limpo e penteado com umas tranças horrorosas. Pra rir da minha cara? Pouco importa. Eu não tinha mais vontade de brincar com ele. Mas desfiz as tranças ridículas pra evitar que a crina e a cauda ficassem marcadas.

- ★ O meu dia foi sombrio como uma tinta preta.
- ★ Bocejei pelo menos umas mil vezes.
- ★ Até li um LIVRO de tanto que não sabia o que fazer.

Segunda-feira, na escola, a Catarina não teve nem tempo de pedir o Pônei Magia de volta. Já fui logo devolvendo. Ela se surpreendeu.

— Você tá com uma cara esquisita, Angelina! Tá tudo bem? Você se divertiu com o Júnior?

— Grrr... pelo contrário! — resmunguei.

— Como assim?

Contei tudo pra Catarina. Ela, que sempre fala que tenho sorte de ter dois irmãos (ela é filha única) e que sempre se recusa a acreditar a que ponto

os meus irmãos pavorosos são PAVOROSOS, parecia estar do meu lado.

À medida que eu contava, ela repetia:

— Oooooooh... pobre Angelina! Juro, sinto muito por você!

Eu tava com um nó na garganta de sofrimento por mim mesma.

Quando o sinal bateu pra gente subir pra sala, tive uma súbita inspiração. Peguei no braço da minha amiga e disse:

— Sabe do que sinto falta na vida? De uma irmã! Você é a minha melhor amiga, Catarina. Vou te fazer uma pergunta bem direta: você aceitaria ser minha IRMÃ?

Ela pulou no meu pescoço pra me dar um abraço, animada.

— Que máximo, Angelina! Vem pra minha casa quarta-feira com o seu vestido de princesa: vamos brincar de sermos GÊ-ME-AS!

Cá entre nós, eu não tava pensando nisso como uma BRINCADEIRA. Nem em

nós duas, eu e na Catarina, como gêmeas. Depois de tudo o que já me aconteceu na vida, eu devia ser mais velha do que ela. Não tão mais velha, mas uns nove meses pelo menos. Também queria que a gente fizesse um juramento, igual ao príncipe Ruan, da TV, que fez um pacto com o seu escudeiro, Malevides, furando os dedos com ferro quente pra trocar gotas de sangue jurando fidelidade (podemos fazer com sangue falso pra não sentirmos dor)... Mas, enfim, não falei nada pra não desanimar a minha mais nova irmã. A Catarina é vaidosa como uma formosa (tô adorando essa coisa de fazer rimas com as palavras!), ela queria que a gente se vestisse de princesas, tá bom. A gente precisa começar de algum jeito.

Além disso, não era mais o momento de conversar, estávamos chegando ao topo da escada, e a professora já batia palmas.

— As senhoritas Purpurina e Lamparina, aí no final da fila, podem PARAR de PAPEAR, por gentileza?

Na quarta-feira, quando cheguei à casa da minha nova irmã com o meu vestido de princesa de bolinhas cor-de-rosa dentro de uma sacola, ela já tinha colocado o dela (de bolinhas vermelhas) e preparado tudo o que ela queria que a gente usasse:

- ☆ Duas blusas de um verde-fosforescente onde tava escrito TOP MODEL, que não combinavam com os nossos vestidos, MAS eram parecidas entre si, pra gente ficar com mais cara de gêmeas.

- Peruca loira (da mãe dela) pra ela. Sem peruca pra mim, porque já sou loira. Ainda bem (desta vez): os meus cabelos de verdade são mais bonitos que os de mentira dela.
- Meias com babado de renda violeta, finas como seda.
- Sandálias com saltinho forradas de pompom (dá pra usar como chinelo, mas seria um desperdício). Douradas pra ela. Prateadas pra mim. Mais um presente da tia Gaga. Não eram ideais por causa da estação do ano, mas eram tão lindas!

Pra terminar, como a Catarina tem os olhos verdes, ela quis me maquiar com a maquiagem verde da mãe dela. No começo, não gostei muito da ideia, já que os meus olhos são castanhos.

— Por que você não maquia a si mesma? — sugeri.

Ela fez uma careta do tipo "olho castanho, olho estranho" que me agradou menos ainda, mas a gente perdoa as irmãs. Porém, eu tava errada em desconfiar: sem querer me achar demais, quando me vi maquiada eu fiquei... impressionada comigo mesma! Parecia uma GRANDE LADY que nunca vai se deixar IRRITAR IMPORTUNAR CUTUCAR, nem nada parecido.

Palavras surgiram na minha mente. Tipo um slogan. Ergui o punho e disse:

— Irmãs solidárias não são feitas de otárias! Nunca mais estaremos sozinhas, somos as gêmeas iguaizinhas!

— Irmãs solidárias não são feitas de otárias! Nunca mais estaremos sozinhas, somos as gêmeas iguaizinhas! — a minha nova irmã repetiu, erguendo o punho também.

No espelho, estávamos lindas como duas revolucionárias.

Do lado de fora, o céu estava azul. O sol brilhava um pouco. Olhei pro meu relógio: quatro horas. Abracei a Catarina.

— Minha amiga, minha irmã, vamos dar uma boa lição nos NOSSOS irmãos pavorosos!

Gêmeo a mais

Seguimos direto pela rua Moinho-Mole (a Catarina mora na casa nº 2). A gente gritava o nosso slogan em um coro de irmãs. Eu tava morrendo de calor, mesmo sem o casaco: a gente tinha guardado nossos casacos em mochilas iguais, pra mostrar ao máximo as nossas roupas de gêmeas.

Eu me sentia poderosa como um tanque de guerra.

O bairro onde a minha nova irmã mora fica do outro lado de Rigoleta, pertinho da floresta por onde passa o rio Bravio. Pra aqueles lados os jardins são grandes, e as casas, espaçosas, não se vê muita gente quase nunca... Quando nos aproximamos do centro da cidade, cruzamos com algumas pessoas. Elas nos olhavam impressionadas. A maioria até se virava pra trás pra continuar nos admirando. Era genial. Só que, aos poucos, a Catarina começou a diminuir... diminuir... diminuir... o volume da voz. Na esquina da rua dos Lagostins, quase já não dava mais pra ouvir o que ela dizia, como se a pilha dela tivesse acabado.

— O que você tem? — perguntei. — Tá com dor de garganta?

Ela parou de andar.

— E se encontrarmos alguém conhecido?

— Ué, o que é que tem? É esse o objetivo!

— Você não tá entendendo... O que eles vão pensar?

— Eu explico a situação, e eles entenderão! E se não entenderem é porque são uns cretinos e a gente não dá a mínima pro que eles pensam!

Caminhei na direção da Grande Avenida.

— Não vamos pra sua casa? — ela perguntou.

— Não, a esta hora os meus irmãos estão no futebol. Vamos pra quadra.

Ela estacou.

— E se eles rirem da gente na frente de todo o mundo?

— Como assim de todo o mundo? Naquela quadra podre só tem uns pavorosos fãs de futebol iguais a eles! Você viu o que eles me fizeram? Somos irmãs, somos solidárias, não podemos voltar atrás...

— É, mas pra mim eles não fizeram nada!

— Isso é que é solidariedade? Traidora!

Ela tirou a peruca.

— E você? Mandona! Tá vendo como você fala comigo? Já chega! — Ela deu meia-volta.

— Olha lá, hein, vou continuar sem você! — ameacei.

— Pode ir, não espere por mim! — A Catarina tomou a direção da casa dela com um andar apressado-tranquilo.

O frio me dominou. Coloquei o meu casaco de volta como um robô. Pensei em atirar a mochila nela, mas ela já estava longe. Sentei num ponto de ônibus. Ir até a quadra? Não ir? Eu já não sabia mais. Gritar IRMÃS SOLIDÁRIAS sozinha, sem irmã, sem solidariedade? Eu tava perdida.

De repente, vi o meu reflexo no ponto de ônibus. Os meus olhos estavam enormes, verdes e pretos em volta. Eu parecia uma coruja gravemente doente. A maquiagem derretera. Decidi ir até a fonte do Golfinho Galã, ali perto, limpar pelo menos os meus olhos.

Tinha acabado de mergulhar a cara dentro da água gelada quando um grito me fez sobressaltar:

— Angelina!

Era o Pedro, com o violino na mão.

— O que... o que é... você... está fazendo aqui? — gaguejei.

Ele me olhou dos pés à cabeça, com cara de quem não acreditava no que via.

— Errr... bem... é... E você, pobrezinha?

Eu já não tava bem, mas ouvir o Pedro me chamar de POBREZINHA me quebrou em mil pedaços. Ele estava com DÓ de mim, é isso? Era a primeira vez nas nossas vidas! Resumi a história das gêmeas pra ele, que passou o braço em torno do meu pescoço.

— Cara Angelina, compreendo a sua consternação!

— Constelação? — Solucei. — O que isso tem a ver com estrelas?

— Não falei nada disso. Estou falando do seu desespero. Eu compreendo. Você percebe? Como se fosse...

— Não fala palavras difíceis, por favor! Estou cansada! — Suspirei.

O Pedro fez aquela cara de professor (que detesto).

— Deixe que eu me expresse, por obséquio. No lugar de uma gêmea que te trai, te proponho um GÊMEO que jamais te trairá, que vai te ajudar, te amar, te proteger em todas as circunstâncias... EU!

Ao dizer EU, ele se ajoelhou diante de mim.

Credo! O meu coração e o meu cérebro começaram a rodopiar: de jeito nenhum! Já estou farta de irmãos. Se o Pedro se tornasse meu irmão gêmeo, ele não ia mais poder ser o meu amado. Piedade! Nunca! Fiz um sinal pra ele se levantar.

— Shhh shhh shhh, fica calmo, Pedro. Não vamos mudar nada, vamos continuar como estamos.

— Você sabe como isso se chama?

— O quê?

— Não mudar nada, isso tem um nome, Angelina, se chama *status quo*.

— Como é que é?

— *Status quo*!

— Um ex-tatu-qwô?

Com todas essas emoções, eu não conseguia mais nem falar direito. O Pedro me disse pra respirar fundo e repetir devagar:

— *Status*… *quo*.

Eu respirei fundo e repeti devagar:

— *Status quo*, consegui!

— Isso, Angelina!

Funcionou! Esse Pedro é fantástico…

Sobre a autora e o ilustrador

FANNY JOLY MORA EM PARIS, PERTO DA TORRE EIFFEL, com seu marido arquiteto e três filhos. Ela publicou mais de 200 livros juvenis pelas editoras Bayard, Casterman, Hachette, Gallimard Jeunesse, Lito, Mango, Nathan, Flammarion, Pocket, Retz, Sarbacane, Thierry Magnier... Seus livros são frequentemente traduzidos e já ganharam muitos prêmios. Duas séries juvenis (*Hôtel Bordemer* e *Bravo, Gudule!*) foram adaptadas para desenho animado. Ela também é romancista, novelista, escritora de peças de teatro, roteirista de cinema e de televisão. Sob tortura, ela um dia confessou que *Angelina Purpurina*, o livro que você tem nas mãos, é, sem dúvida, o mais autobiográfico de seus textos... Você pode consultar o site dela em: www.fannyjoly.com

RONAN BADEL NASCEU NO DIA 17 DE JANEIRO DE 1972 em Auray, na Bretanha. Formado em artes visuais em Estrasburgo, ele trabalha como autor e ilustrador de livros infantojuvenis. Seu primeiro livro foi publicado pelas edições Seuil Jeunesse, em 1998. Depois de muitos anos em Paris, onde dá aulas de ilustração em uma escola de artes, Badel voltou a morar na Bretanha para se dedicar à criação de livros infantis. Em 2006, publicou *Petit Sapiens*, seu primeiro livro de histórias em quadrinhos, com texto e ilustrações próprios.

ESTA OBRA FOI IMPRESSA
EM JANEIRO DE 2024